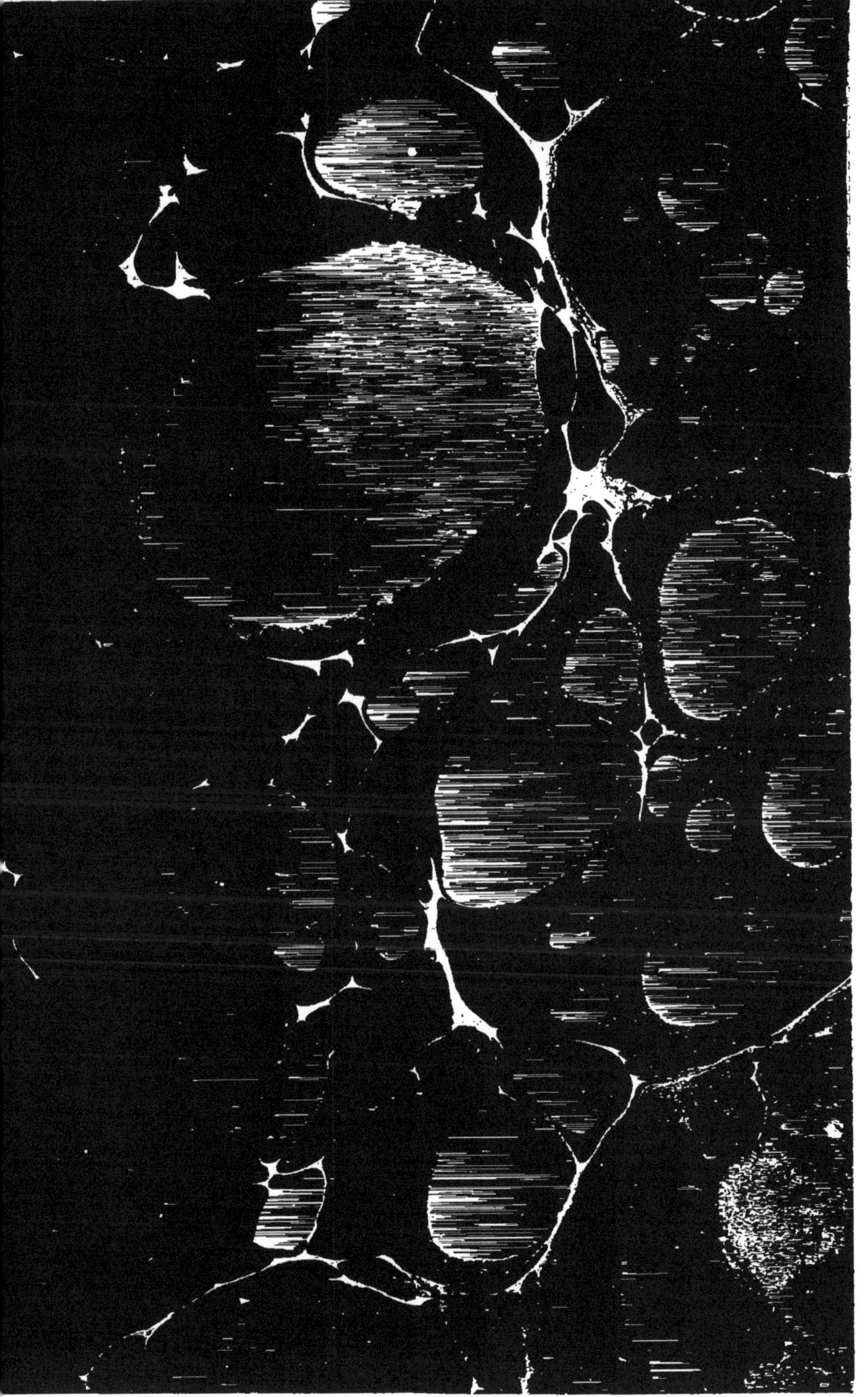

TOUT A L'ÉGOUT!

PETITE REVUE

EN TROIS ACTES ET UN PROLOGUE

Représentée à Paris, au Helder, le 10 janvier 1889,
par les MARIONNETTES FRANÇAISES.

TOUT A L'ÉGOUT !

PETITE REVUE

EN TROIS ACTES ET UN PROLOGUE

PAR

GYP

PARIS

CALMANN LÉVY, ÉDITEUR

ANCIENNE MAISON MICHEL LÉVY FRÈRES

3, RUE AUBER, 3

1889

PERSONNAGES

CLAUDE LARCHER.
MONSIEUR FLOQUET.
LE GÉNÉRAL.
MOÏSE.
M. HENRI ROCHEFORT.
UN JEUNE DÉCADENT.
M. ÉDOUARD DRUMONT.
JEMAN-HEFF.
STENDHAL.
UN OUVRIER.
UN MAGISTRAT.
UN AGENT DE LA SURETÉ.

VÉNUS.
LA FRANCE.

TOUT A L'ÉGOUT !

PROLOGUE

Aux Champs-Élysées.

MOÏSE, puis VÉNUS.

MOÏSE, à cheval sur un banc, s'exerçant à glisser la carte au bonneteau.

Fous la foyez?... Fous la suifez?... ne la bertez bas te
fue?... suifez mes moufements... suifez-les pien... (Satisfait.)
Ça fa pien!... ça fa pien!... moi, che suis moterne!... ch'é-
tutie l'art té gouferner les beubles bar leurs bassions...
Peu, ils aiment lé ponnetcau... ch'étutie lé ponneteau!...
mais c'est égal! c'est monodone, et ça né rabborte rien!...
or, bour moi, ce qui né rabborte rien est sans faleur!...
c'est itiot ce que che dis là!... che m'aprudis tans ces
Champs-Élysées!... cet andique séchour tes élus est frai-
ment drop loin té la derre!... bromise ou audre!.. (Vénus
paraît au fond.) Allons! pon!... qui est-ce qui fient-là?...

Il ramasse précipitamment ses cartes.

1

VÉNUS.

C'est moi !... Vénus !...

MOÏSE.

Engore la mydholochie !... (Rénéchissant.) Au vait, elle est
chez elle !...

VÉNUS.

Qu'est-ce que tu tripotais donc là ?...

MOÏSE, scandalisé.

Guel lancache !...

VÉNUS, riant.

Oïa képhalè !... (Moïse fait signe qu'il ne comprend pas.) Oh !
c'te tête !... Qu'est-ce que tu faisais donc ?...

MOÏSE, glissant son jeu de cartes dans sa poche.

Che bensais !... che regdifiais mendalement les taples
dé la loi... et fous m'afez déranché... il vaut douchours
que fous dourniez fos jubes audour té quelqu'un... et moi,
ça mé drouple...

VÉNUS, aimable, s'asseyant auprès de lui sur le banc.

Ah ! bah !... toi aussi ?...

Elle lui passe un bras autour du cou.

MOÏSE, se levant brusquement.

Douchez pas !...

VÉNUS, riant.

C'est bon !... je ne vais pas te dévorer ! (Le toisant.) Oh !
non !...

MOÏSE, très digne.

Ché fous verai rémarguer qué ché né fous dudoie bas ?...

VÉNUS.

Tu as tort !... (S'étirant les bras en bâillant.) Ah ! mon pauv'
Moïse !... C' que je m'embête ici !... c'est rien de le
dire !...

MOÏSE.

Le bays est bourtant choli !...

VÉNUS.

Oui... si on veut !... mais les habitants !... tous des
rasoirs !...

MOÏSE.

Oh !... dous !... (Finement.) il y en a au moins un, gué
fous né droufez bas si... rasoir gué ça ?...

VÉNUS.

Ah !... Claude Larcher !... l'analyste de l'amour mo-
derne dans *la Vie parisienne !*... je vois qu'on a déjà
potiné !... Eh bien, oui, j'ai un béguin pour Claude !...
et puis après?... qui ça gêne-t-il?...

MOÏSE.

Bas moi, à goup sûr !...

VÉNUS.

D'ailleurs depuis l'arrivée de Claude, cet animal de

Stendhal ne le lâche pas d'un cran!... il marche dans son ombre... c'est gênant, tu comprends?...

MOÏSE.

En vait-il tes emparras, à brésent, ce Sdenthal!... audrefois, il se denait dranquille, mais tebuis qu'on a buplié son chournal...

VÉNUS.

Il n'y a pourtant pas de quoi être fier!...

MOÏSE.

Les foici, chusdement!... ils n'ont bas non blus l'air té s'amuser!...

STENDHAL, CLAUDE LARCHER,

s'avançant bras dessus, bras dessous, en chantant.

Les femmes, les femmes,
Les femmes, y a qu'ça!...
Tant que le monde existera,
Les femmes, on les analys'ra.

CLAUDE LARCHER.

Ne croyez-vous pas, cher maître, que le scalpel...

STENDHAL, méprisant.

Attendez donc pour parler que vous sachiez quelque chose!

VÉNUS, passant brusquement à côté de Claude.

Ah çà!... est-ce que tu vas te laisser raser longtemps comme ça?...

CLAUDE LARCHER.

Plus bas donc!... (Inquiet, à Stendhal.) vous avez entendu?. .

STENDHAL.

Non, mon ami, non!... je n'écoute jamais ce que disent les autres!...

VÉNUS, à part, regardant Stendhal.

Qu'il est vilain!... Seigneur!... qu'il est vilain!...

CLAUDE LARCHER, cherchant à se débarrasser de Stendhal.

Vénus me fait des signes... je crois qu'elle a quelque chose à me dire?...

STENDHAL.

Mais non... mais non!... — (Confidentiellement.) Elle rôde toujours ainsi autour de moi!...

CLAUDE LARCHER, incrédule, mais vexé tout de même.

Ah!... Vous croyez que...?

STENDHAL.

Parbleu!... Courtisane, femme du monde ou déesse, elles ne pensent qu'à ça!... sans être précisément beau, je plais aux femmes...

CLAUDE LARCHER, cherchant à placer un mot.

Les femmes ne...

STENDHAL, coupant.

Les femmes, mon cher!..., elles ne sont là que pour qu'on les ait... ou qu'on puisse dire qu'on les a eues...

MOÏSE, rêveur, cherchant à comprendre.

Esaü ??? ...

VÉNUS, riant.

Cherche pas, va !...

STENDHAL, reprenant.

Ce qui revient exactement au même !... la postérité ne vérifie pas...

CLAUDE LARCHER, à part, toisant Stendhal.

De loin... il me plaisait beaucoup !... je le croyais mieux !...il perd à être vu de près !...

STENDHAL, reprenant.

... Ainsi, moi qui vous parle, j'ai connu à Milan une femme, une femme du meilleur monde... que j'ai eu le bonheur... d'analyser à loisir...

VÉNUS.

Il appelle ça analyser !

STENDHAL, prenant Claude Larcher par un bouton de sa jaquette.

Figurez-vous, mon cher, que cette femme du meilleur monde avait, ce que j'appellerai la cristallisation rapide... elle me trompait...

VÉNUS, à part.

Ça ne m'étonne pas !...

CLAUDE LARCHER, indigné.

Vous tromper, vous ???

STENDHAL.

Oui... elle me trompait!... mais je m'en apercevais,
parce que, moi, je les connais, les femmes!... je découvre
leurs défauts, et je les signale soigneusement à tous...

CLAUDE LARCHER.

Moi aussi!... et tenez!... peu de temps avant de venir ici, j'ai encore fait une **importante découverte**...
(Mouvement de Stendhal.) Oui, cher maître, j'ai découvert...

STENDHAL.

Quoi donc?...

CLAUDE LARCHER.

Que les femmes mentent...

VÉNUS, riant.

Non!... ta parole?...

STENDHAL, (vexé).

Ah! le fait est que moi, qui ai découvert tant de
choses, je n'ai pas découvert celle-là!...

VÉNUS.

Moi, je n'en connais pas, de femmes qui mentent!...
et toi, Moïse?...

MOÏSE.

Moi non blus!... — abrès ça, fous safez,... moi, les
remmes...

STENDHAL, pensif.

Ainsi les femmes mentent quelquefois ?...

CLAUDE LARCHER, se récriant.

Quelquefois ?... mais tout le temps !... mais elles ne font pas autre chose !...

VÉNUS.

Tu m'étonnes !... Où donc as-tu vu ça ?...

CLAUDE LARCHER.

Où ?... mais où je vivais avant d'être ici.,. à Paris !...

VÉNUS.

Ah !... je m'en doutais !... nous ne pouvons pas contrôler... c'est toujours comme ça !... tu sais que nous n'irons pas à Paris et alors...

L'AGENT DE LA SURETÉ, drapé dans un grand manteau.

Pour M. Minos, s'il vous plaît !... de la part de M. Lockroy, ministre des beaux-arts de France...

Il montre une lettre.

MOÏSE, tendant la main.

Tonnez douchours...

CLAUDE LARCHER, regardant l'agent.

Où donc ai-je vu cette tête?

MOÏSE, ahuri, tournant et retournant la lettre.

Gu'est-ce qu'il beut pien fouloir à Minos, ce M. Lockroy ?...

VÉNUS.

Ben, lis, tu le verras !...

MOÏSE, hésitant.

C'est que... pah !...

Il ouvre la lettre.

L'AGENT, à part, regardant tout autour de lui.

Est-IL ici, oui ou non ?... Depuis qu'IL voyage, on a perdu sa trace !... les uns disent qu'IL est en Suède, les autres à Berlin ?... Serait-IL tout simplement à Paris pendant qu'on me le fait chercher ici ?...

MOÏSE, lisant.

« Le minisdre tes peaux-arts et tu go'nmerce brie
» M. Minos te fouloir pien lui enfoyer une télécation
» tes blus indellichents hapitants tes Champs-Élysées...

STENDHAL, impétueusement.

C'est moi !...

MOÏSE, continuant.

» Bour faire bardie té la gommission t'examen charchée
» té choisir la nuance tont la dour Eiffel toit êdre téfi-
» nidifement beinte. »

Ahurissement général.

VÉNUS.

Eh bien, déléguons-nous !...

CLAUDE LARCHER.

Nous-mêmes ?...

1.

MOÏSE.

Bourquoi tonc bas !... Ça se vait dout lé demps gomme ça !...

VÉNUS.

Parbleu !... et puis, c'est le seul moyen d'aller à Paris !...

CLAUDE LARCHER, regardant l'agent.

Mais où diable ai-je vu la tête de cet animal-là ?... Ah !... je me souviens !... c'est un agent par qui j'ai fait filer Colette...

L'AGENT, à part.

Éventé !... (Fredonnant : *Ah ! c'est un métier difficile !*)... impossible à présent d'avoir des renseignements !... d'ailleurs, IL ne doit pas être ici !... le gouvernement se fourre le doigt dans l'œil jusqu'au coude... (On entend : *En revenant de la revue.*) Si !... IL y est !!!!!...

Il s'élance dehors.

VÉNUS.

Eh bien, où va-t-il, l'envoyé de M. Lockroy?...

CLAUDE LARCHER.

Il est pressé de partir probablement ?...

VÉNUS.

Moi aussi !... Filons !...

CLAUDE LARCHER.

Filons !... je ne demande pas mieux...

VÉNUS.

Eh bien, appelle un ballon dirigeable à la station?...

CLAUDE, allant au fond et appelant.

Hé!... ballon!!!

Un ballon sur lequel est peint un gros 1889 avance et vient se placer au milieu
de la scène.

VÉNUS, lisant le numéro.

1889!... Sommes-nous assez dans le train!... Hein?...

CLAUDE LARCHER.

Allons! montons!... Tiens, où est Moïse?...

STENDHAL.

Le voilà!...

MOÏSE, portant sa baguette et un sac très flasque, et traînant au
bout d'une corde une vieille malle pelée comme un singe.

Ch'édais allé vaire mes bedits brébaradifs... Brendre
ma paquette...

STENDHAL, louchant sur la malle.

En ma qualité d'analyste, d'observateur et de psychologue, je vous ferai observer, à vous qui faites toujours
le pauvre, qu'il est bizarre d'emporter une malle, quand
on prétend n'avoir rien à mettre dedans?...

MOÏSE, embarrassé.

Oh!... guelgues bedits pipelots sans faleur!...

VÉNUS, radieuse.

Quand je pense que ce soir je verrai Paris!...

MOÏSE.

Che fais vaire tes avaires t'or!...

ENSEMBLE.

AIR de *M. Dumollet.*

A Paris, allons à Paris !
Et que chacun selon son goût s'amuse,
A Paris, allons à Paris !
Nous y ferons la noc' dans les grands prix !

CLAUDE LARCHER.

J'vais propager mon art psychologique ;
J'suis l'inventeur de la souffrance d'aimer...

STENDHAL, pointu, interrompant.

Si vous avez découvert l'Amérique,
Christoph'Colomb pourrait bien réclamer ?

ENSEMBLE.

A Paris, allons à Paris !
Et que chacun selon son goût s'amuse,
A Paris, allons à Paris !
Nous y ferons la noc' dans les grands prix !

ACTE PREMIER

La place de la Bourse.

VÉNUS, CLAUDE LARCHER, STENDHAL, MOÏSE.

MOÏSE, sa baguette à la main, son sac au bras et quatre lorgnettes en bandoulière, entre suivi de Vénus, de Claude Larcher et de Stendhal.

VÉNUS.

Où sommes-nous?

CLAUDE LARCHER.

A la Bourse!... ce diable de Moïse nous y a amenés tout droit...

VÉNUS.

Pourvu qu'il n'ait pas perdu nos lorgnettes, toujours!

MOÏSE.

Non... les foilà doutes les guatre...

STENDHAL.

Et la cagnotte?...

MOÏSE, tapant sur son sac.

Foilà aussi !...

STENDHAL, bas, à Claude Larcher.

Je ne sais pas si c'est très prudent de lui avoir confié la bourse de voyage?...

CLAUDE LARCHER, insouciant.

Bah!... il n'est peut-être pas très honnête!... mais il est si intelligent!...

VÉNUS, allant vers le fond et regardant au loin.

Ah! les jolis messieurs qui passent!... ils sont petits, menus, gringalets, étriqués!... ils sont charmants!...

CLAUDE LARCHER, étonné.

Tu trouves?... Pour une femme qui a tout l'Olympe à ses pieds, — à commencer par Hercule et Mars — tu n'es vraiment pas difficile!...

MOÏSE, joyeux, regardant la Bourse.

Diens!... le feau t'or est touchurs tepout!...

CLAUDE LARCHER.

Toujours!... (Chantant.) « On encense sa puissance »...

VÉNUS, STENDHAL et MOÏSE, reprenant en chœur.

On encense sa puissance!...

L'AGENT DE LA SURETÉ, entrant en courant.

Qui est-ce qui crie: « Vive Boulanger »?...

CLAUDE LARCHER.

Personne!...

L'AGENT.

Je vous arrête !...

STENDHAL.

Pourquoi ?

L'AGENT, furieux.

Parce que vous êtes boulangistes...

VÉNUS.

Mais non !... nous sommes étrangers...

On entend l'air des Pioupious d'Auvergne.

LA FRANCE, entrant.

Des étrangers ?... qu'ils soient les bienvenus chez moi !... (A l'agent.) Laissez-les !...

AIR des *Pioupious d'Auvergne.*

> Dans toute la France,
> Il y a des vaillants,
> Mais sans arrogance
> Et bien accueillants.
> Si l'on vous moleste,
> Dit's : « J'suis étranger ! »
> Ça suffit de reste,
> Pour êtr' protégé.

> Quand la France en chantant ira-t-en guerre,
> Le canon tonn'ra,
> Pour sûr on dans'ra.
> Mais en paix la France est hospitalière,
> Et les étrangers,
> Chez elle ne courent jamais d'dangers !

Pendant qu'elle chante. Moïse a disparu. Lorsqu'elle cesse de chanter, elle cause avec Claude et Stendhal et l'agent se rapproche de Vénus.

L'AGENT, à demi-voix à Vénus.

Si vous êtes gentille, on vous embêtera pas... mais pour ça, faut l'être, gentille ?...

VÉNUS, qui ne comprend pas.

Qu'est-ce que tu dis ?...

L'AGENT.

Au lieu de faire la bête, faisons une risette à papa ?... Allons !... plus vite que ça !...

Il lui prend la taille.

VÉNUS, se débattant.

Ah ! mais !... Ah ! mais !... (Regardant autour d'elle.) Qui est-ce qui me débarrassera de cet être-là ?...

M. Rochefort jaillit d'une boîte à diable, l'agent s'enfuit.

VÉNUS, étonnée, le r. gardant courir.

Pour un agent qui se la brise, c'en est un !...

Claude, Stendhal et la France se rapprochent.

VÉNUS, à M. Henri Rochefort.

Et toi, beau diable, qui fais si bien filer la police...

M. HENRI ROCHEFORT.

Elle me fait filer encore bien mieux !...

VÉNUS, aimable.

Qui es-tu ?

M. HENRI ROCHEFORT. —

AIR : Valse de Méphisto. *(Petit Faust.)*

Je suis Rochefort, le bêcheur fidèle,
De tout c' qui r'présent' un gouvernement.
Au pouvoir jamais si l' pays m'appelle,
On m' verra m' bêcher moi-même égal'ment !

VÉNUS, en admiration.

Tu as un chic épatant!... (Montrant un monsieur qui traverse le fond en portant une valise.) Tiens!... quel est ce monsieur?...

M. HENRI ROCHEFORT, se retournant.

Ça?... faites pas attention!... c'est le président qui voyage...

VÉNUS, curieuse.

Le président de la République?

M. HENRI ROCHEFORT.

Lui-même!...

STENDHAL.

En ma qualité de psychologue, d'observateur et d'analyste, je ferai observer que son passage produit peu d'effet, même sur Vénus... (On entend pousser des cris perçants.) Allons!... bon!... qu'est-ce que c'est encore?...

MOÏSE, entrant, éperdu, poursuivi par M. Édouard Drumont, et se jetant dans les bras de Vénus.

Au segours!... Un saufage!... brodéchez-moi.

M. ÉDOUARD DRUMONT.

Au voleur!... au voleur!... arrêtez-le!...

CLAUDE LARCHER, étonné.

Voleur?... lui?... mais non!...

M. ÉDOUARD DRUMONT.

Comment, non?... je viens de le trouver sur un pont en train de vendre une lorgnette... à un aveugle!... une mauvaise lorgnette de rien du tout!...

STENDHAL, à part regardant les lorgnettes que Moïse porte en sautoir.

La mienne!... c'est la mienne qui manque!...

M. ÉDOUARD DRUMONT.

Vous voyez bien que c'est un voleur ?

VÉNUS, protestant.

Ça?... mais c'est Moïse !... il est avec nous!...

M. ÉDOUARD DRUMONT, saisi.

Moïse !!! le vrai!!! (Consterné.) Ah! bien !... si les anciens reviennent, c'est complet!... Ah!... les gueux!... (Éclatant.) J'aurais dû le deviner, que c'en était un !...

AIR de Marcel. *(Huguenots.)*

Pour les banquiers, c'est fini !
La Bourse par terre,
Tapez d'ssus, allez-y !
Agioteurs ! la guerre !
Livrons aux flammes, au fer,
Leurs temples d'enfer !

Ah! tapez-les, tapez-les, tapez-les!
Piff, paff, pouff, tapez-les!
Qu'ils casquent,
Qu'ils casquent,
Mais grâce jamais, non jamais!

Derrière le Tonkinois,
Voyez les sémites.
Haine à ces faiseurs de lois,
Qui cherchent des pépites.
Livrons aux flammes, au fer,
Leurs temples d'enfer.
Ah! tapez-les, tapez-les, tapez-les!
Piff, paff, pouff, tapez-les!
Qu'ils casquent,
Qu'ils casquent,
Mais grâce!... jamais!... non, non, jamais!

Quand il a fini de chanter, il s'élance à la poursuite de Moïse.

STENDHAL, le regardant sortir.

C'est un fou?...

CLAUDE LARCHER.

Mais pas du tout!... c'est M. Édouard Drumont, l'auteur de *la Fin d'un Monde...*

STENDHAL, méprisant.

C'est bien ce que je disais!... d'abord, les auteurs qui ne sont pas moi...

VÉNUS.

J'ai peur pour Moïse, il semble un peu agité, ce monsieur!...

M. HENRI ROCHEFORT, montrant Monsieur Floquet qui s'avance sur l'air de *la Marseillaise*, d'un pas automatique, les bras étendus et comme repoussant une horrible vision. Il est accompagné d'un magistrat.

Tenez !... en voilà un agité !... un vrai !...

STENDHAL.

Quel est cet homme ?

LA FRANCE.

C'est un de mes parlementaires les plus connus...

VÉNUS.

Qu'est-ce que c'est que ça, un parlementaire ?

M. HENRI ROCHEFORT.

C'est le contraire d'un orateur !...

VÉNUS, à M. Henri Rochefort.

Et le juge ?... tu le connais ?...

M. HENRI ROCHEFORT.

Non... c'est sans doute un magistrat auquel on demande un petit arrêt... de service...

VÉNUS, regardant Monsieur Floquet.

Il va parler !... Écoutons-le ?...

M. HENRI ROCHEFORT.

Est-ce bien nécessaire ?...

MONSIEUR FLOQUET, hagard.

C'était pendant l'horreur d'une profonde nuit.
Je vis venir à moi mon aïeul Robespierre.
Le même orgueil brillait toujours sous sa paupière.
Il avait, nos malheurs ne l'ayant pas blasé,
Comme son grand gilet, son sourire empesé.
Son visage blafard et froid de trouble-fête
Avait cet air d'emprunt — qui va bien à ma tête.
« Ah ! tremble, m'a-t-il dit, ô fils digne de moi ;
Tremble d'en trouver un qui l'emporte sur toi ;
Je te plains de tomber dans ses mains redoutables,
Mon cher. » En prononçant ces mots épouvantables,
Son ombre vers mon lit a paru se baisser.
Et moi, je recherchais sa main pour la presser,
Mais je n'ai pu trouver qu'un cordon de sonnette,
Tandis qu'à mon oreille, une horrible trompette
Répétait un refrain de Revue, odieux,
Que des gamins maudits se redisaient entre eux !

LE MAGISTRAT.

Hélas !...

MONSIEUR FLOQUET.

En ce chahut, à mes yeux se présente
Un grand cheval fougueux à la robe éclatante...

LE MAGISTRAT.

Noir ?...

MONSIEUR FLOQUET.

Je crois... en tout cas, un superbe animal.
Un homme le montait, et ma foi, pas trop mal ;
Quand déjà revenant de mon trouble funeste,
J'admirais la blondeur de sa barbe et son geste,
J'ai reconnu soudain...

LE MAGISTRAT.

Ah ! je devine !... Horreur !...

MONSIEUR FLOQUET.

C'est toi qui l'as nommé !

LE MAGISTRAT.

Quell' dèch', mon empereur ! ! !

MONSIEUR FLOQUET, anéanti, repoussant un ennemi invisible.

Grâce ! ! !

LE MAGISTRAT.

Voyons !... voyons !... il faut vous faire une raison... la manifestation va porter aux factieux un coup terrible...

MONSIEUR FLOQUET.

Mon Dieu !... la manifestation est une riche idée, il est vrai... mais le résultat en est encore incertain !... Si le peuple allait refuser son concours spontané...

LE MAGISTRAT, montrant l'agent qui rôde autour de Vénus.

Ce brave nous donnerait peut-être des nouvelles...

MONSIEUR FLOQUET, à l'agent.

Est-ce que vous en venez ?

L'AGENT.

En droite ligne...

MONSIEUR FLOQUET, anxieux.

Eh bien ?... la manifestation ?...

L'AGENT.

Ratée !... le peuple a débiné le truc !...

MONSIEUR FLOQUET.

Ah ! mon Dieu !...

LE MAGISTRAT.

Ne dites donc pas toujours « mon Dieu ! » On croirait
que vous y croyez !...

MONSIEUR FLOQUET.

Vous avez raison !... ça m'échappe à chaque instant !...
Je suis navré !... je comptais absolument sur cette manifestation !... Qu'est-ce qu'on pourrait bien faire pour
changer le cours des idées ?... (illuminé.) Si je r'affectais
le Panthéon ?...

LE MAGISTRAT.

Ce serait peut-être aller un peu loin ?...

MONSIEUR FLOQUET.

Mon Dieu, oui !... (Se reprenant vivement.) Je veux dire
oui tout court !... Mais c'est que le gouvernement est
dans une fichue position !... vous n'avez pas l'air de vous
en douter, vous ?

LE MAGISTRAT.

Mais si... mais si... je m'en doute !...

VÉNUS, les regardant.

Pauv's gens ! ils n'ont pas l'air d'être à la noce !

LE MAGISTRAT, poussant le coude de monsieur Floquet et lui montrant Vénus.

Belle femme, hein ?...

MONSIEUR FLOQUET.

Superbe !... Qui est-ce ?...

CLAUDE LARCHER.

C'est Vénus...

MONSIEUR FLOQUET.

Vénus !... (S'approchant d'elle et lançant son chapeau en l'air.) Vive M. Vulcain, madame !!!

VÉNUS, ennuyée.

Pourquoi me dit-il ça ?... Ça m'embête !...

LA FRANCE.

Ne faites pas attention... c'est sa façon de recevoir mes hôtes !...

MONSIEUR FLOQUET.

Encore cette scie !... d'abord, c'est pas vrai !... je n'ai jamais crié... ce qu'on a dit...

M. HENRI ROCHEFORT.

Alors, vous n'avez plus aucune raison d'être !... Fi !... fi ! que c'est laid de lever la patte sur le marchepied dont on n'a plus besoin... Ah ! pauv' Pologne !

LA FRANCE, à M. Henri Rochefort.

Tu ne vois pas ? il a ôté aussi son gilet à la Robespierre !...

M. HENRI ROCHEFORT.

Et il a coupé les bords de son chapeau! (A Monsieur Floquet.) Vous n'aviez pas le droit de vous débarrasser de votre défroque, Monsieur!...

LA FRANCE.

Reprends-la, va, ta défroque?... ou fiche-nous la paix!...

M. HENRI ROCHEFORT.

Pourvu qu'il ne nous fiche pas la guerre, ce sera toujours ça... (Se retournant.) Eh! regardez donc l'enflammé, là-bas!...

Il montre Stendhal qui s'élance à la poursuite d'une femme qui passe au fond.

CLAUDE LARCHER.

Allons!... bon!... le voilà déjà parti aux trousses d'une drôlesse!... Oh!... les femmes!...

Moïse passe au fond, courant à perdre haleine et toujours poursuivi par M. Édouard Drumont; le sac qu'il a au bras semble plus plein.

VÉNUS.

Ah! c'pauv' Moïse!... Ce monsieur lui flanque une rude chasse!... il a l'air ardent, ce monsieur!... est-ce qu'ils sont tous passionnés comme ça, à Paris?...

M. HENRI ROCHEFORT.

Pas tous!... ainsi, voici mon ami Jeman-Heff qui passe... pas passionné, celui-là! je vous en réponds!...

Il appelle Jeman-Heff, qui s'approche.

VÉNUS, toisant Jeman-Heff.

Il est très joli, ton ami!...

M. HENRI ROCHEFORT.

Voulez-vous me permettre de vous le présenter?...
M. Jeman-Heff!... un aimable homme que l'absence to-
tale de croyances et l'amour du bien-être ont tout dou-
cettement amené à ne se soucier de quoi que ce soit...

Jeman-Heff salue. — Le même monsieur, la valise à la main, traverse la scène.

VÉNUS.

Tiens!... encore le président!... mais il est déjà passé
tout à l'heure!...

JEMAN-HEFF.

C'est qu'il voyage beaucoup... parce que son prédéces-
seur ne voyageait pas assez!...

Moïse reparait, poursuivi par M. Drumont, qui se rapproche de lui ; le sac est plus
rempli encore.

JEMAN-HEFF.

Peste!... Drumont gagne du terrain!...

VÉNUS, inquiète.

C' pauv' Moïse!... il a l'air complètement vanné!...

M. HENRI ROCHEFORT.

Ah!... le fait est que... (criant.) Je le donne à vingt
contre un!...

VÉNUS, à Claude Larcher, qui est allé regarder au fond.

Qu'est-ce que tu regardes?

CLAUDE LARCHER.

Je cherche Stendhal!... il m'inquiète!...

VÉNUS.

Bah!... laisse-le donc psychologomachier à son aise!...

CLAUDE LARCHER.

Où ont-ils pu passer?... je suis pas rassuré...

JEMAN-HEFF.

Ils sont peut-être allés à la manifestation...

VÉNUS.

Mais quelle manifestation?... on parle de ça tout le temps...

JEMAN-HEFF.

La manifestation sur la tombe de Baudin...

VÉNUS.

Vous y étiez?...

JEMAN-HEFF, se récriant.

Ah! non!... par exemple!...

M. HENRI ROCHEFORT, haussant les épaules.

Personne n'y était!...

UN OUVRIER.

Pour ça m'sieu, c'est bien vrai!....j'en viens, moi!... et c'que je r'grette ma course!...

VÉNUS, inté essée.

Ah ! vous en venez ?...

L'OUVRIER.

Oui, mademoiselle !... et c'était pas hurph, allez !..

AIR du *Roi Dagobert.*

L'autre jour un copain,
M'parl' d'manifester à Baudin ;
Y me monte l'coup
Qu'on sera beaucoup,
Qu' ça s'ra chouetto
Et très rigolo.
Puis y me dit encor,
Qu'on avait fait sortir le mort !

C'matin, comme y f'sait beau,
Je mets mon plus chic biblosro.
Mais au défilé,
Je m'trouve volé.
Ça, du populo ?
On m'mont' pas l' bateau.
C'est rien que des bourgeois ;
On n'm'y r'pinc'ra pas une aut' fois !

Y avait quéques francs-maçons,
Mais moi, je n'coup' plus dans leur pont !
Quatre ou cinq drapeaux,
Des tas de crapauds,
Des étudiants,
Eh !... Va donc, feignants !...
Tout c'mond' là, j'vous l'dis ben,
Ça n'a jamais connu l'turbin !

Moi je gueulais tout l' temps
Qu'on m'avait volé mon argent!
Mon fricot d'tout ça,
Sera pas plus gras,
J'ai pas barboté
Dans les fonds secrets.
Pour sûr que j'gueule encor,
Pas la pein' de sortir le mort!

JEMAN-HEFF, gaiement, avec une intonation à la Dupuis.

La oïa, la politique, la oïla!...

VÉNUS.

C'est très drôle!...

LA FRANCE.

Pas pour moi, toujours!... Ah! mais non!...

AIR de la *Corde sensible.*

Je suis toujours celle qui se console
Qui se console avec une chanson,
C'est toujours moi, dont le rire s'envole
Et sonne clair comme un chant de pinson.

Mais je ne vois que des Polichinelles,
Des Palfloquets, de sinistres farceurs,
Qui, non contents d' tourner leurs manivelles,
Sont avec ça d'effroyables raseurs.

Ont-ils juré d'éteindre mon sourire,
La belle humeur qui brille dans mes yeux?
Ah! ce jour-là, ce s'rait fini de rire!
En attendant tâchons d'être joyeux.

2.

Mais dans mon cœur, nul chant joyeux ne sonne,
Je me sens triste et morose aujourd'hui,
Dieu des Gaulois ! ne viendra-t-il personne
Qui puisse enfin nous sauver de l'ennui ?

Au moment où elle cesse de chanter, l'ouvrier repasse au fond les mains dans ses poches, en fredonnant :

C'est Boulange, lange, lange,
C'est Boulanger qu'il nous faut !...

Le général, entre au galop sur son cheval noir et salue.
Monsieur Floquet disparaît.

VÉNUS, en extase.

AIR : Qu'il est gentil. *(Barbe-Bleue.)*

Qu'il est gentil, l' brav' Général !...
Et comme il est bien à cheval !
Qu'il est gentil, l' brav' Général !
Et puis quel' tournure, quelle allure !...
Qu'il est gentil, qu'il est mignon !
Ah ! le joli petit trognon !...

La France va parler au général.

CLAUDE LARCHER, rentrant essoufflé.

Colette était sortie, naturellement !... Je n'ai pas osé laisser plus longtemps Vénus seule... (Apercevant Vénus qui papillonne autour du général.) Et j'ai bien fait !...

Moïse traverse la scène, toujours poursuivi par M. Drumont qui se rapproche de plus en plus, le sac de Moïse est énorme.

M. HENRI ROCHEFORT.

Il est *broken-down !...* je le donne à 30 !...

VÉNUS, *quittant un instant le général pour s'occuper de Moïse,*

Ah ! c'pauv' Moïse !... si nous allions à son secours ?...

JEMAN-HEFF.

Laissez donc !... tout ça s'arrangera, allez !...

VÉNUS.

Il doit avoir un de ces tracs !...

Moïse et M. Drumont repassent en courant.

M. HENRI ROCHEFORT.

Ça ne l'empêche pas de faire son sac !...

STENDHAL, *rentrant pensif, à lui-même et écrivant sur son journal.*

Elle m'a lâché !... elle m'a lâché au moment psycho-logique, pour courir après un Chimpanzé quelconque !.. mais n'ayons pas l'air !...

Pendant tout ce temps, Vénus et la France coquettent avec le général.

CLAUDE LARCHER, *à Stendhal.*

Eh bien ?...

STENDHAL, *se rengorgeant.*

Une femme charmante !... absolument charmante... J'ai eu une peine à m'en débarrasser !... (*Apercevant le jeune Décadent qui passe au fond.*) Le Chimpanzé quelconque !... (*Le montrant à Jeman-Heff, qui le salue.*) Vous connaissez ce monsieur ?...

JEMAN-HEFF.

C'est un jeune décadent à la recherche d'un idéal...

VÉNUS, faisant la moue.

Oh ! l'idéal !...

JEMAN-HEFF.

... D'une sensation, si vous aimez mieux ?...

VÉNUS.

A la bonne heure !...

STENDHAL, méprisant.

Il est affreux !... Et que fait-il, ce monsieur ?

JEMAN-HEFF.

Il souffre !...

L'OUVRIER.

Drôle d'métier !..

VÉNUS, compatissante.

Pourquoi souffre-t-il ?

JEMAN-HEFF.

Je n'en sais rien !... ni lui non plus ! (Présentant le jeune Décadent.) Un de nos jeunes décadents les plus distingués !...

VÉNUS, aimable.

Vous semblez triste, monsieur ?...

LE JEUNE DÉCADENT.

Que ne puis-je, madame, vous exprimer les navran-
ces, les froissures et les énervances de mon âme linceu-
lée !... perpétuellement tanguée, emportée dans le vortex

des douloureuses vibrances?... Que ne puis-je vous faire sentir les tarrabalations de mon cœur...

VÉNUS, ahurie.

Tu dis?...

LE JEUNE DÉCADENT.

Je dis que quand vous m'auriez parangonné aux autres hommes, une invincible attirance vous forcerait à me sélecter entre tous?...

VÉNUS, pirouettant.

Ah! flûte!... (Courant au général.) J'aime mieux l'autre!...

Elle caresse la crinière du cheval noir.

CLAUDE LARCHER, vexé.

AIR : Ah! que j'aime les militaires. (Grande-Duchesse.)

Ah! qu'elle aime ce militaire!
    Son uniforme coquet,
Sa bell' barbe et son plumet...

On entend un brouhaha énorme au fond.

VÉNUS.

Qu'est-ce qu'il y a encore?...

JEMAN-HEFF.

Rien!... des gens de partis différents qui causent!...

VÉNUS.

Sapristi!... Ils font un vacarme... il doit y en avoir un rude lot, de partis!...

JEMAN-HEFF.

Mais non... pas tant que ça!...

AIR : Au mont Ida. *(Belle-Hélène.)*

En quatre-vingt-huit, trois bonhommes,
Se disputaient notre voix.
Vous voyez ce que nous sommes,
Lequel voulez-vous de nous trois?...

Évohé!... que ces bonhommes,
Pour enjôler les votants,
Évohé! que ces bonhommes,
Ont de drôles de godants!...

Vient à passer blonde et rose,
Une dame en grand souci.
Elle tenait une rose,
Vous voyez cela d'ici?...
 Évohé! etc., etc.

Ohé! dites-nous quelque chose,
Belle dame arrêtez-vous ?
Et veuillez donner la rose,
Au plus réussi de nous?
 Évohé !... etc., etc.

L'un dit : « Le peuple, c'est ma règle,
Et je le suivrai toujours; »
Il ajoute : « Prenez mon aigle, »
Comme il aurait dit : « Mon ours! »

L'OUVRIER.

Prenez mon ours !

JEMAN-HEFF, continuant.

Le deuxième, le deuxième,
Dit : « J'ai pour moi le bon droit,
Mon emblème, mon emblème,
C'est un bleu manteau de roi. »

L'OUVRIER.

Prenez mon ours !

JEMAN-HEFF.

Le troisième, le troisième...
Le troisième ne dit rien...

VÉNUS, louchant sur le général.

Il aura p't'êtr' le prix tout d'même,
Larcher, vous m'entendez bien?...

CLAUDE LARCHER, ennuyé.

Je vous entends parfaitement... (Voulant l'emmener, nerveux.) .
nous n'allons pas rester tout le temps sur cette place,
n'est-ce pas?... Venez-vous?

VÉNUS.

Où ça?... je veux m'amuser, moi!... voir toutes les
curiosités de Paris, me mettre au courant des petits po-
tins... de l'histoire contemporaine...

M. HENRI ROCHEFORT.

Allez donc visiter les égouts!... c'est très intéressant...
on se promène en bateau au milieu de détritus étran-
ges!... et puis... si vous tenez à être au courant de
l'histoire contemporaine, dame!...

VÉNUS.

C'est ça !... allons aux égouts !... Qu'est-ce que sera
devenu c' pauv' Moïse ?

MOÏSE entrant, son sac est gonflé comme un ballon.

Me foilà !

VÉNUS.

Le monsieur t'a lâché ?

MOÏSE.

Il a bas bu me brentre... sans ça... brrr !...

VÉNUS.

Eh bien, nous allons aux égouts !... (A ses compagnons.)
Ça vous va ?...

STENDHAL, CLAUDE LARCHER et MOÏSE.

Ça nous va !

CHŒUR,

AIR de *M. Dumollet.*

Aux égouts !.. Allons aux égouts !
Puisque c'est là que l'Histoire se passe !...
Aux égouts !... Allons aux égouts !...
Y a d'la place !... y en a pour tous les goûts !

ACTE DEUXIÈME

Dans l'égout.

— ———

VÉNUS, CLAUDE LARCHER, STENDHAL
et MOÏSE.

Ils avancent sur l'égout, debout dans un bac.

STENDHAL, descendant du bac.

Eh bien! nous y sommes, dans l'égout!

VÉNUS, descendant et regardant autour d'elle.

En plein!

Elle se bouche le nez.

MOÏSE, descendant et allant regarder dans tous les coins.

Che né fois bas drop guelles avaires on beut frigoder
bar ici!...

CLAUDE LARCHER, les yeux à la voûte.

Que fait Colette?... Je m'en doute bien un peu... mais
je voudrais en être sûr!...

VÉNUS, à Claude qui ne bouge pas.

Eh bien! tu restes là ?... tu ne viens pas?

CLAUDE, sursautant.

Si!... si... me voilà !...

Il sort du bac.

VÉNUS.

Il s'agit de retrouver M. Jeman-Heff et M. Rochefort qui nous ont donné rendez-vous ici...

MOÏSE.

Rechoignons-les fite ! (A part.) Gomme ça ché bourrai viler ! Guant on sera blus nompreux, mon absence sera moins rémarguée... (Faisant un porte-voix de ses deux mains.) Ohé !... Cheman Heff !... Ohé !...

TOUS, criant.

Ohé ! Jeman-Heff !... Ohé !

L'AGENT DE LA SURETÉ, paraissant.

Ah ! je vous y pince encore, pousseurs de cris séditieux !...

Moïse file...

VÉNUS, ahurie.

Pousseurs de... Nous ?

L'AGENT.

Parfaitement !... Vous avez crié : Vive... vive LUI ! enfin... Vous savez bien ce que je veux dire ?... on nous défend de le nommer pour ne pas lui faire de réclame...

STENDHAL.

D'abord, nous n'avons pas crié... ce que vous dites... Ensuite, il me paraît bizarre que le cri de « Vive », suivi du nom d'un député quelconque, puisse être considéré comme un cri séditieux ?...

L'AGENT.

De quoi?... de quoi?... des discours!... on ne vous demande pas tout ça!...

STENDHAL, continuant.

Ah! si nous avions crié : « A bas », je comprendrais ça... à la rigueur, mais « Vive »...

VÉNUS, avec enthousiasme.

Vive le général!...

L'AGENT, brutal.

Allons, vous!... suivez-moi !

VÉNUS.

Ah ! ouiche !

On entend l'air des *Pioupious d'Auvergne.*

LA FRANCE, entrant.

Mais laissez donc ces étrangers !...

L'agent sort.

VÉNUS.

Merci, France !... tu me plais, toi !... tu as l'air d'une brave fille !...

JEMAN-HEFF, entrant.

Oui... c'est une brave fille !... c'est pour ça que nous l'aimons malgré tout... (Il baise la main de la France.) et que nous lui pardonnons ses grandes folies et ses petites faiblesses...

VÉNUS, à Jeman-Heff.

Où est M. Henri Rochefort ?

JEMAN-HEFF.

Il n'a pas pu venir...

VÉNUS, navrée.

Ah ! tant pis !... Il me botte, cet homme-là !

JEMAN-HEFF.

Il est appelé à Nîmes où il doit témoigner dans une affaire.

VÉNUS, écoutant, au plafond.

Dites donc, est-ce que vous n'entendez pas un vacarme là-haut ?

Ils écoutent.

LA FRANCE.

Oui... c'est que nous sommes ici précisément sous le palais Bourbon... ce que vous entendez, ce sont les députés qui travaillent...

VÉNUS.

Oh !... moi qui ai si envie de les voir, les députés !

. LA FRANCE.

Ah ! dame !... d'ici, on peut les entendre, mais on ne les voit pas...

JEMAN-HEFF.

C'est toujours ça de gagné !...

Le bruit redouble.

VÉNUS, acoustiquant la main pour mieux entendre.

Pchtt !... écoutons !

Brouhaha.

UNE VOIX.

Vous en êtes un autre !...

Brouhaha. Cris.

UNE VOIX.

Canaille, va !

UNE AUTRE VOIX.

C'est honteux !

Brouhaha.

UNE VOIX.

Séparez-les... mais séparez-les donc !

VÉNUS, ravie.

Ils se battent !... ils se battent comme à l'Olympe !...
Ben, ça n'était vraiment gai que ces jours-là !...

Elle écoute. Brouhaha.

UNE VOIX.

Allons-nous-en !

UNE VOIX.

Et ne revenons plus !

VOIX.

Bravo ! — Bravo !

VÉNUS, de plus en plus ravie.

Ils sont charmants !...

Brouhaha. On entend la sonnette du président. Coups répétés.

VOIX.

Faites silence, messieurs! Silence ! — Silence, messieurs !

Sonnette nerveuse. Bruit confus. Enfin le silence se rétablit.

LA VOIX DU PRÉSIDENT, grave et émue.

Messieurs!... le temple de la législature transformé en arène de pugilistes!!! Votre président ne peut que déplorer profondément de pareils scandales !...

VOIX.

Très bien ! — très bien !

VOIX DU PRÉSIDENT.

Sa parole est impuissante à les réprimer !...

VOIX.

Très bien ! — très bien !

VOIX DU PRÉSIDENT.

Je supplie la Chambre tout entière de reprendre ses esprits...

VOIX.

Très bien !... — *Bis!*...

VOIX DU PRÉSIDENT.

Songez qu'on vous écoute...

VOIX.

Oh ! ça !... — Très bien!... — Non...

VOIX DU PRÉSIDENT

Qu'on vous entend...

VOIX.

Très bien! — très bien... — Oh !...

VOIX DU PRÉSIDENT.

Qu'on vous regarde...

VOIX.

Très bien ! — Très bien !...

VOIX DU PRÉSIDENT.

Que peut-être on vous lira?... Pensez à la France !

LA FRANCE, haussant les épaules.

Ah ! je la connais, celle-là !

VOIX DU PRÉSIDENT.

Et reprenez, calmes...

VOIX.

Très bien !...

VOIX DU PRÉSIDENT.

Dignes...

VOIX.

Très bien ! — Très bien !...

VOIX DU PRÉSIDENT.

Et féconds...

VOIX.

Oh ! — Oh ça?...

VOIX DU PRÉSIDENT.

Le cours trop souvent interrompu de vos pacifiques,
laborieux et utiles travaux...

VOIX.

Très bien ! — Très bien ! — *Bis...*

VOIX DU PRÉSIDENT.

La parole est à M. Paul de Cassagnac pour continuer son discours.

VOIX DE M. DE CASSAGNAC.

Je pense que mes honorables collègues me connaissent assez pour demeurer convaincus que je n'entends apporter aucun élément nouveau de trouble dans le guignol parlementaire...

VOIX MENAÇANTES.

Oh!... Oh! oh! A l'ordre! — Et l' Deux-Décembre!...

VOIX DE M. PAUL DE CASSAGNAC.

La majorité suffit à cette besogne...

VOIX.

Très bien !... — Oh ! oh !... — assez !...

VOIX DE M. DE CASSAGNAC.

Les nombreux ministères que vous avez successivement investis de votre confiance et qui ont vécu ce que vivent les roses...

VOIX.

Très bien !...

M. DE CASSAGNAC.

Ont rivalisé d'impuissance...

VOIX.

Oh ! oh !... — à l'ordre ! — assez !... la censure...

VOIX DE M. DE CASSAGNAC.

D'impuissance pour le bien...

VOIX.

Très bien ! — Bravo ! — bravo !... — assez !...

Brouhaha.

VÉNUS, écoutant toujours ravie.

Ça va bien !... ça va très bien !

VOIX DE M. DE CASSAGNAC.

L'industrie languit... le commerce souffre, les ateliers se ferment, les grèves se multiplient... (Bruit.) le paysan, l'ouvrier succombent sous le poids des impôts... la misère, les haines religieuses et sociales... (Bruit.) voilà ce que vous avez donné à la France... (La France fait signe que c'est vrai.) qui vous avait confié ses destinées (Bruit.) et à qui vous aviez promis la paix, la prospérité, la richesse... Rendez la parole à ce malheureux pays !...

VOIX, air : *Des Lampions*

Revision ! — Revision ! — Revision ! — Revision !

VOIX DE M. DE CASSAGNAC.

Votre agitation bruyante et stérile a cessé de lui donner l'illusion du mouvement et de la vie... vous n'êtes plus qu'un cadavre... et le fossoyeur attend...

Tapage immense.

3.

VOIX.

Oh! oh!... — Bravo! — La censure!... — à l'ordre!... — à la porte!...

VÉNUS.

Il est tout de même crâne, ce député-là !

VOIX DU PRÉSIDENT.

La parole est à M. le président du conseil.

VOIX DE MONSIEUR FLOQUET.

Le gouvernement sait quels sont ses devoirs, mais il n'abandonnera aucun de ses droits. (Brouhaha.) Le bonheur du peuple... (Rires. Brouhaha.) le manteau troué de la dictature... (Rires.) nos glorieux ancêtres... (Brouhaha.) les fils de l'immortelle Révolution... un programme de lumière, de solidarité humaine... la servitude, c'est l'ignorance... l'ignorance, c'est la servitude!... (Rires.) la paix, l'union, la prospérité. (Rires.) nos immortelles conquêtes... serviteurs respectueux de la volonté du pays... prudence et audace...

JEMAN-HEFF.

Et cœtera, pantoufle!

VÉNUS, bâillant.

Ouf!... j'en ai assez, moi! occupons-nous d'autre chose...

LA FRANCE, écoutant.

Attendez un instant... ceci m'intéresse...

VOIX DU PRÉSIDENT.

La parole est à M. le rapporteur de la commission des
poursuites contre un député.

Brouhaha. Tapage.

VOIX DU RAPPORTEUR.

La commission a pensé que c'était un devoir impérieux
de faciliter par tous les moyens la proclamation de la
vérité. La probité d'aucun membre de la Chambre ne
saurait être mise en doute...

VOIX.

Oh!... — Ah! bah!...

AIR de *Guillaume Tell.*

Si parmi nous il est un traître?...

VOIX DU RAPPORTEUR.

En conséquence, nous vous proposons d'autoriser les
poursuites!...

VOIX DU PRÉSIDENT.

Quelqu'un de vous demande-t-il la parole?

Brouhaha puis silence.

VOIX NOMBREUSES.

AIR des *Dragons de Villars.*

Ne parle pas, Wilson, je t'en supplie;
Ne parle pas, Wilson, ne parle pas!...

Bruit.

VOIX DU PRÉSIDENT.

Personne ne demande la parole?... Les conclusions de la commission sont adoptées.

Bruit.

VÉNUS, ahurie.

Alors, c'est ça le parlement?...

LA FRANCE.

Hélas!... Et encore, c'est un de ses bons jours!... Si vous croyez que ça m'amuse, tout ça?...

L'OUVRIER, entrant, portant une pelle et une pioche.

Ben, et moi donc!... J' cherche du travail... Ah! ouiche! des nèfles!... C'est que j' commence à en avoir plein l' dos, moi, d' sucer des cordes à puits...

AIR de : V'la-z-encore de drôles de jeunesses *(Barbe-Bleue).*

V'là-z-encor de ben drôl's de pantes,
Qui s'coalisent pour m'empêcher
D' travailler.
En m'embêtant, y s' font des rentes,
Mais si on m' pousse à bout, oui-da!
On verra !
Vous avez nos droits, nous les vôtres
Pourquoi,
Pourquoi,
Pourquoi, bons libéraux?
Que j' rigol'rais pas comme vous autres,
Puisqu'on dit qu' nous sont tous égaux?

LA FRANCE.

Hum!... on dirait que ça se gâte !...

VÉNUS, joyeuse.

Ah! M. Henri Rochefort!... Quel bonheur!... il est si meublant!

JEMAN-HEFF.

Tiens!... il n'a pas témoigné longtemps!

M. HENRI ROCHEFORT, entrant en riant, suivi du magistrat.

Ah! elle est bien bonne, celle-là!

VÉNUS, allant au-devant de lui.

Eh bien, vous avez déjà fini de témoigner?

M. HENRI ROCHEFORT.

De témoigner? Ah! parlons-en!

AIR du *Brésilien*.

Dans cette incomparable affaire,
Les témoins furent convoqués.
Ils vinrent comme d'ordinaire
A tous les endroits indiqués.
Ils s'en furent d'abord à Nimes,
A Montpellier, puis à Pantin.
Ils grimpèrent 'es plus hautes cimes
Aux montagn's d'un pays lointain.
Gilly les suivait à quinz' pas,
    En leur disant tout bas:
    « Voulez-vous, voulez-vous,
Voulez-vous expliquer mon cas? »
Mais les témoins ne parlaient pas!

LA FRANCE.

Pourquoi?

LE MAGISTRAT.

Chtt!...

M. HENRI ROCHEFORT.

Comme ils étaient infatigables,
Et qu'ils tenaient du Juif-Errant.
Ils traversèrent bien des sables,
Et franchirent plus d'un torrent.
Ils allèrent à Pampelune,
Au Havre, à Quimper-Corentin.
Ils seraient allés dans la lune,
Mais un magistrat les retint...

TOUS, au magistrat.

Hou !... Hou !... le vilain !...

M. HENRI ROCHEFORT.

Gilly les suivait à quinz' pas,
En leur disant tout bas :
« Voulez-vous, voulez-vous,
Voulez-vous expliquer mon cas ? »
Mais les témoins ne parlaient pas !

L'OUVRIER, qui revient.

Pourquoi donc ça ?...

LE MAGISTRAT.

Chttt...

M. HENRI ROCHEFORT.

Ce sont des courses effrénées,
A faire pâmer des Français.
Ils marcheront bien des années,
Sans pouvoir répondre jamais.
Quand ils auront vu percer l'isthme,
Percer l'isthme de Panama,
Les témoins rompront leur mutisme,
Si l' gouvernement n'est plus là ?
Alors, revenant sur leurs pas,
Ils lui diront tout bas :

« Nous pouvons, nous pouvons,
Nous pouvons expliquer ton cas ! »
Hélas ! Gilly ne s'ra plus là !
Parapapa, etc.

VÉNUS.

C'est égal, c'est une drôle d'expérience !...

M. HENRI ROCHEFORT.

C'est ce qu'on appelle une expérience *in anuma Gilly*...

MOÏSE, entrant, un pliant et une ligne à la main, et se mettant à pêcher dans l'égout.

Che fais dâcher te rebêcher tes tossiers drès brécieux qu'on groit êdre la tétans...

LA FRANCE, à Moïse.

Avez-vous l'autorisation du conseil municipal pour pêcher dans l'égout ?...

MONSIEUR FLOQUET, entrant sur l'air de *la Marseillaise*.

Qui parle du conseil municipal ?

VÉNUS.

Ah ! l'homme au songe !...

M. HENRI ROCHEFORT.

Tiens !... feu Robespierre !

LA FRANCE, à Monsieur Floquet.

Vous désirez quelque chose ?

MONSIEUR FLOQUET.

Non !... J'attends le conseil municipal qui m'a assigné ici un rendez-vous... il a quelques ordres à me donner...

(Inquiet, à part.) C'est singulier, il m'avait semblé entendre un air connu... et apercevoir un cheval noir... je me serai trompé... et pourtant...

Il recu'e pour regarder dans la coulisse.

MOÏSE, se garant.

Eh! là-pas!... Eh! vaites tonc addention!... Ça allait mortre!...

M. FLOQUET.

Tiens, un pêcheur à la ligne!...

Il hausse les épaules.

MOÏSE.

Eh pien, guoi?. . On groirait qué fous n'afez chamais béché, fous?

MONSIEUR FLOQUET, hautain.

En effet!... hommes de labeur, les représentants de la France régénérée...

LA FRANCE.

Je la connais aussi, celle-là!...

MONSIEUR FLOQUET, continuant, déclamant.

... Sont peu rompus aux exercices auxquels excellaient, dit-on, les représentants désœuvrés des régimes déchus... Dans ce temps arriéré...

MOÏSE, vexé.

Tans cé temps-là, Monsieur, la Bologne était heureuse!...

LA FRANCE, à monsieur Floquet.

C'est vrai, ça!... et si vous interrogiez votre conscience...

M. HENRI ROCHEFORT, interrompant.

Laquelle?

MONSIEUR FLOQUET, très digne.

Celle de ma valeur...

STENDHAL, revenant essoufflé.

Je l'ai retrouvée, la femme charmante!... elle était en train de consoler le jeune décadent qui est incompris, paraît-il?...

Il écrit.

VÉNUS.

Ah!... Alors il sait pourquoi il est triste, à présent!... (Le jeune décadent entre en rêvant. Vénus bonne fille.) Eh bien? on dit que tu es incompris...

LE JEUNE DÉCADENT.

Hélas!... que ne puis-je vidasser toutes mes désespé-rances dans...

Vénus fait signe qu'elle ne comprend pas.

LA FRANCE.

Madame ne comprend pas... il vaut mieux parler français... si vous pouvez?...

LE JEUNE DÉCADENT

AIR : De *Marlborough*.

Je suis psychologiste,
(Que mon cœur, mon cœur est donc triste!)
De fond, j'suis analyste;
De forme, décadent.

TOUT A L'ÉGOUT !

De forme, décadent,
Y'm'semble qu'ça s'entend?
Eh bien, les optimistes,
(Que mon cœur, mon cœur est donc triste!)
Pas plus qu' les pessimistes,
Personn' ne me comprend !

Personn' ne me comprend.
J'suis bien simple pourtant!
Cette langu' sensibiliste,
(Que mon cœur, mon cœur est donc triste!)
On dit qu' tous les fumistes,
La parlent couramment.

VÉNUS, en admiration.

Quel chic !...

LA FRANCE.

Oui !... avec tout ça, ils assassinent ma pauvre
langue !...

JEMAN-HEFF.

Encore, s'ils s'en tenaient là, mais...

AIR de la Gazette de Hollande *(Grande-Duchesse)*.

Nous vivons dans un temps bien drôle,
La gloire est au plus fort casier,
Les assassins ont le beau rôle,
Le seul qu'on puisse apprécier.
On dit : « raté de Cour d'assises »,
Avec un vague air de mépris,
Mais on vous montre sans surprise,
« Monsieur l'honorable repris ».
Mais tous ne peuvent pas en somme
Prétendre à d'aussi hauts destins,
Et pour ne pas être assassin,
On n'en est pas moins homme !

Moi, je n'ai pu, même par brigue,
Avoir une condamnation.
Comment voulez-vous que j'intrigue,
Femmes, votre imagination?...
Je sais bien que ma faute est grande
De n'avoir rien commis. J'ai tort !
Je mérite une réprimande,
Croyez au moins à mes remords.
Mais tous ne peuvent pas, en somme,
Prétendre à d'aussi hauts destins,
Et pour n'être pas assassin,
On n'en est pas moins homme !

LA FRANCE, à Jeman-Heff.

Bravo, toi!...

VÉNUS, au décadent.

C'est vrai... en réfléchissant bien, je te trouve moins
chic, homme triste!...

LE JEUNE DÉCADENT.

Ça m'est égal!... je vais rejoindre mes amis... ils
m'offriront un banquet!...

LA FRANCE.

Pouah !... tout ça n'est pas joli, joli !...

CLAUDE LARCHER.

Oui... tout ça serait bien ici... avec le reste!...

Il indique l'égout.

LA FRANCE.

A l'égout !... tu as raison!... tout à l'égout !...

On entend l'air : *En revenant de la Revue*. Le Général passe au fond
sur son cheval noir.

VÉNUS, l'indiquant à la France.

Pourquoi ne le charges-tu pas de...

LA FRANCE.

Mais ils lui ont donné sa retraite...

M. HENRI ROCHEFORT.

Oui... sa retraite aux flambeaux !...

JEMAN-HEFF.

Je m'en fiche, moi du général !... mais il est certain
qu'à force de vouloir le couler, ils finiront par le couler
en bronze...

VÉNUS, à la France.

Je t'assure qu'à ta place, je...

LA FRANCE.

Oui... je vous entends bien !... mais je me tâte ?... il
me faut un balai, mais lequel ?... je suis perplexe !...
horriblement perplexe !...

M. HENRI ROCHEFORT.

A l'égout !... tout à l'égout !...

LA FRANCE, résolument.

Ça, je veux bien, tout à l'égout !...

AIR : *En revenant de la Revue.*

En v'là assez !
J' commenc' à m'énerver,
J' m'en vais les balancer,
Car j'ai plus l'sou-hou-hou-hou !...
Faut un' rupture,
Y a trop longtemps qu'ça dure,
J'vas j'ter ma vieill' pelure,
Tout à l'égout, hou-hou !

———

ACTE TROISIÈME

Sur la plate-forme de la tour Eiffel.

CLAUDE LARCHER, VÉNUS, STENDHAL
et MOÏSE, entrant successivement sur la plate-forme. Mise à un
paletot de fourrure et une couronne de comte.

VÉNUS.

Ouf!... on dirait que ça penche! (Regardant dans le vide.)
Bigre! C'est haut!

MOÏSE, méprisant.

Peuh!... Si fous aviez fu la d our de Papel, c'était pien
audre chose qué ça... et ça benchait bas, au moins... ça
n'a benché que bour s'égrouler... (Regardant en bas.) Ché
suis folé!...

VÉNUS.

Ben, tu peux l'être sans inconvénient, volé!... car ce
que tu dois être riche, toi?...

MOÏSE, protestant.

Ah! bar exemple!... Si on beut tire ça!...

STENDHAL.

En ma qualité de psychologue, d'observateur et d'analyste, j'affirme qu'on le peut!... Hier, à l'hôtel, nous

avons, Vénus et moi, soulevé votre sac... il est d'un lourd !...

MOÏSE.

Tes bétits pipelots sans faleur, ché vous tis !...

VÉNUS.

Avec ça, j'en ai jamais vu un comme toi pour avoir l'arrachement du patar douloureux !...

MOÏSE.

C'est bas chuste, té tire ça !... Ch'ai chustement vait té la tébense !...

TOUS, spupéfaits.

Toi ?...

MOÏSE.

Oui... moi !... ch'ai achedé un ditre... un bédit ditre Romain...

Il montre sa couronne.

VÉNUS, saisie.

Romain !... En voilà, une sévère !...

MOÏSE.

Dout ça nè m'embêche pas tè rècrèder d'afoir tonné une somme, — léchère il est frai, — mais envin une somme, bour monder là-tessus... on y est mal !... ça benche et ça dremple !... c'est écal !... ce que che tonnerais bour rendrer tans mon archent ?...

VÉNUS, riant.

Pauv' chat!...

Se penchant pour regarder au bas de la tour et chantant.

AIR : Rendez-moi mon cochon, s'il vous plaît.

Rendez-lui son argent, s'il vous plaît,
Ah! daignez le lui rendre!

STENDHAL et CLAUDE LARCHER, chantant aussi.

Rendez-lui son argent, s'il vous plaît,
Ah! daignez le lui rendre!

L'AGENT DE LA SURETÉ, paraissant.

Cette fois, vous ne direz pas que vous n'avez pas crié : Vive!...

STENDHAL.

Mais vive « qui?... » Nom d'un sabre?...

L'AGENT.

Je me comprends... allons, au poste!

VÉNUS, ahurie.

Au poste?...

On entend l'air des Pioupious d'Auvergne. — La France paraît.

L'AGENT, filant.

Allons!... bon!... v'là la gêneuse!... si on l'écoutait, on n'embêterait personne!...

LA FRANCE.

Eh bien, vous amusez-vous à Paris?

VÉNUS, avec conviction.

Follement!...

CLAUDE LARCHER, inquiet.

Ah!...

LA FRANCE, à Moïse.

Et vous, mon cher Moïse?...

MOÏSE.

Oh!... moi, ché né suis bas ici bour m'amuser!.. ché drafaille!

LA FRANCE.

A quoi?

MOÏSE.

Tes das te bétites pricoles!...

LA FRANCE.

Je m'en doute! (Soupirant.) Avouez que vous avez trouvé en moi la terre promise, hein?

MOÏSE.

Ça, ché né beux bas me blaintre té fotre hosbitalité... et sans un homme parpu qui m'a flanqué une chasse derriple, ché serais drès gondent té mon séchour à Baris... mais guelle chasse... non!... ché né feux blus benser à ça!...

VÉNUS.

C'est ça, ne pensons plus à ça!... Dire que je n'ai pas été une seule fois au théâtre!...

CLAUDE LARCHER.

Moi, j'y suis allé tous les soirs!...

STENDHAL.

Moi aussi!...

VÉNUS.

Moi, je ne peux pas!... j'ai toujours mes soirées prises!...

CLAUDE LARCHER, pointu.

Vous pourriez au moins ne pas le dire devant moi!...

VÉNUS.

Ah!... j'suis pas hypocrite!... et toi, au lieu de prêcher, tu ferais mieux de me raconter les pièces que tu as vues...

CLAUDE LARCHER, effaré.

Ici?... sur la tour Eiffel!...

LA FRANCE.

Et pourquoi donc pas?... Pendant ce temps... les principales scènes des pièces de la saison vont passer devant vous...

VÉNUS.

Où ça, passeront-elles?...

LA FRANCE.

Dans la lune, et la vue n'en coûtera rien...

4

MOÏSE.

Ah !... si la fue n'en goûte rien !...

LA FRANCE, montrant la lune qui se lève énorme.

Y êtes-vous ?

CLAUDE LARCHER.

Sans doute... mais...

STENDHAL, revenant, portant une table et un verre d'eau sucrée
et s'installant.

Auparavant, je ferai une conférence... En ma qualité de psychologue, d'observateur et d'analyste, j'ai remarqué qu'à présent, on appuie d'une petite conférence la pièce que l'on joue... Je vais avoir l'honneur d'en faire une devant vous ; je vais préparer vos esprits à comprendre, si j'ose m'exprimer ainsi, ce que...

VÉNUS, bâillant.

Dieu ! que cet homme est rasant !... (A Claude Larcher.) Va donc !... qu'est-ce que tu attends?...

CLAUDE LARCHER, hésitant.

Ça n'est pas poli de commencer pendant qu'il parle...

LA FRANCE.

Va donc, puisqu'on te le dit...

CLAUDE LARCHER,

chantant, pendant que passe sur la lune la figure du quadrille, où on change
de danseuse.

AIR de *Renaudin de Caen.*

Pépa, dont les moins indulgents,
N'ont pas trouvé de mal à dire,
Pépa qui rit, qui nous fait rire
Et qu'on applaudira longtemps !...

STENDHAL, lui coupant la parole au moment où paraît la pièce
suivante.

Fleuris de roses sans pareilles,
C'est *Jalousie* et son balcon ;
Ah ! que les portes ont d'oreilles !
Et que les femmes sentent bon !

CLAUDE LARCHER.

Palais-Royal ; autre *Parfum*,
On y voit Chaumont inquiète.
Elle n'avait pas d'allumette,
Quand la nuit est venu quelqu'un !

CHAUMONT, chante.

Je voudrais bien savoir quel était ce jeune homme,
Si c'est un grand seigneur et comment qu'y s'appelle?...

STENDHAL.

Gymnase ; la foule se presse
Pour revoir *l'Abbé Constantin*.
Le roman fait vivre la pièce,
Mais la pièce le lui rend bien.

CLAUDE LARCHER.

Aux nouveau-nés, faisons honneur,
Saluons le *Théâtre Libre*,
Ses pièces d'un nouveau calibre,
Ses auteurs et son directeur !

STENDHAL.

Voici la *chance de Françoise*,
Toute pleine de mots fringants !
Rolande, dont l'âme apprivoise,
Les critiques les plus méchants.

CLAUDE LARCHER.

L'œuvre sortait d'un fin ciseau,
On oubliait qu'elle était nue,
Ce qui pouvait choquer la vue
Se passait derrière un rideau.

STENDHAL.

Dans la plus noire des cavernes,
Voyez-vous ces lueurs?... Eh bien,
C'est le tribunal des Lanternes
Qui condamnent *le duc d'Enghien*.

CLAUDE LARCHER.

Puis c'est *Germinie Lacerteux*,
Que, de parti pris, on enterre.
Dans l' ciel, sa demeure dernière,
Mossieu Scribe doit êtr' bien heureux?

STENDHAL.

Ici l'Amérique!... On distingue
Des miaul'ments... S'rait-c' Joc'lyn?
Non! c'est Coqu'lin qui bêche Hadingue,
Ou bien Hading' qui bêch' Coq'lin!

CLAUDE LARCHER.

Pour la bonn' bouch', c'est Zola,
Rêvant de sa gloire future;
Dans un coin de sa chambre obscure,
Son rêve prend corps... le voilà!...

On entend M. Zola chanter sur l'air de : *Rêve, Paysan, rêve!* de Pierre Dupont.

Rêve!... Émile... rêve!
D'un immortel qui crève!...

La lune s'assombrit.

VÉNUS.

C'est fini?

CLAUDE LARCHER.

Dame oui!...

MOÏSE.

Ché grois qué nous téfrions récagner les Champs-
Élysées...

STENDHAL.

Oui... mon absence finira par être remarquée...

VÉNUS.

Crois-tu ?

MOÏSE.

Mais oui... c'est lé moment té rendrer!...

On entend tinter de l'or à chacun de ses mouvements.

VÉNUS, à Moïse.

A présent que tu as fait ta pelote, nous pouvons
mourir, n'est-ce pas?

MOÏSE.

Ché né tis bas ça!...

VÉNUS.

Tu ne peux seulement pas bouger sans que ton argent
sonne la vieille ferraille!... tu es riche, que c'en est
dégoûtant! (A la France.) Et tu lui permets d'emporter
tout ça?...

LA FRANCE.

Mais laissez-le donc tranquille!... on n'a rien à lui reprocher, en somme... (Moïse s'agite fiévreusement sur son nuage). Rien du tout!... (Moïse s'élance tête baissée à travers la lune et disparaît, laissant un grand trou.) Tiens!... il paraît que si!...

VÉNUS, ahurie.

Oh!... il a fait un trou à la lune!...

STENDHAL.

En ma qualité d'analyste, d'observateur et de psychologue, je m'étais toujours méfié de ça!

VÉNUS, à la France.

Adieu, petite France!... et merci de ton bon accueil... je ne t'ai rien chipé, moi, tu sais?... au contraire, je laisse quelque chose chez toi !...

LA FRANCE.

Quoi?...

VÉNUS.

Mon cœur!

LA FRANCE.

Ton cœur!... Et à qui le laisses-tu?

On entend l'air : *En revenant de la Revue*. Le général paraît sur s n cheval noir.

VÉNUS, envoyant un baiser au général.

A lui, parbleu !

ACTE TROISIÈME.

TOUS.

AIR : *En revenant de la Revue.*

Gais et contents
Nous partons triomphants,
Pour nos bienheureux champs
En diligence.
Sans parti pris,
Pour ç'ui-là, ni ç'ui-ci,
Nous ne poussons qu'un
Vive la France.

FIN

PARIS. — IMPRIMERIE CHAIX, 20, RUE BERGÈRE. — 1120-1-9.

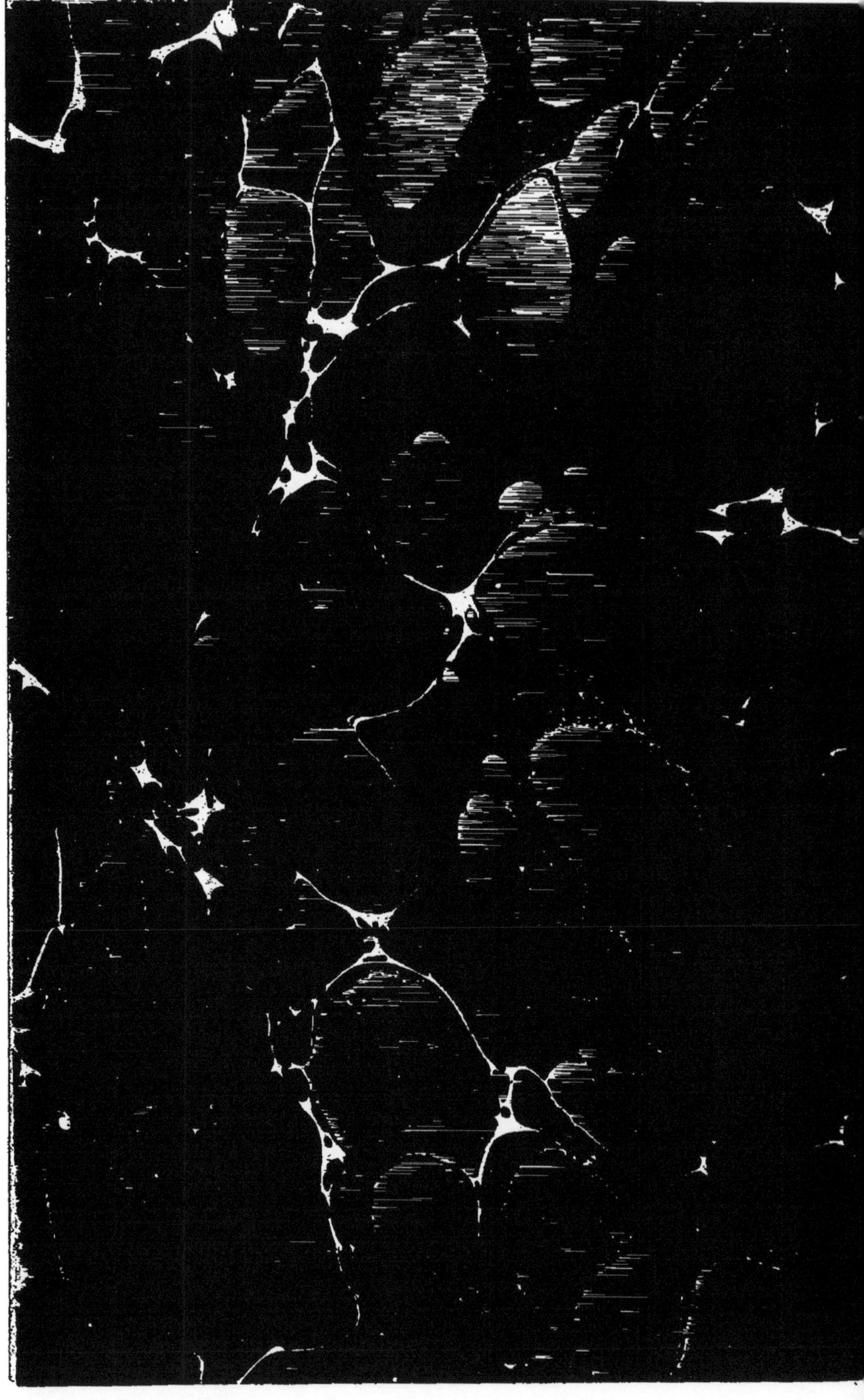

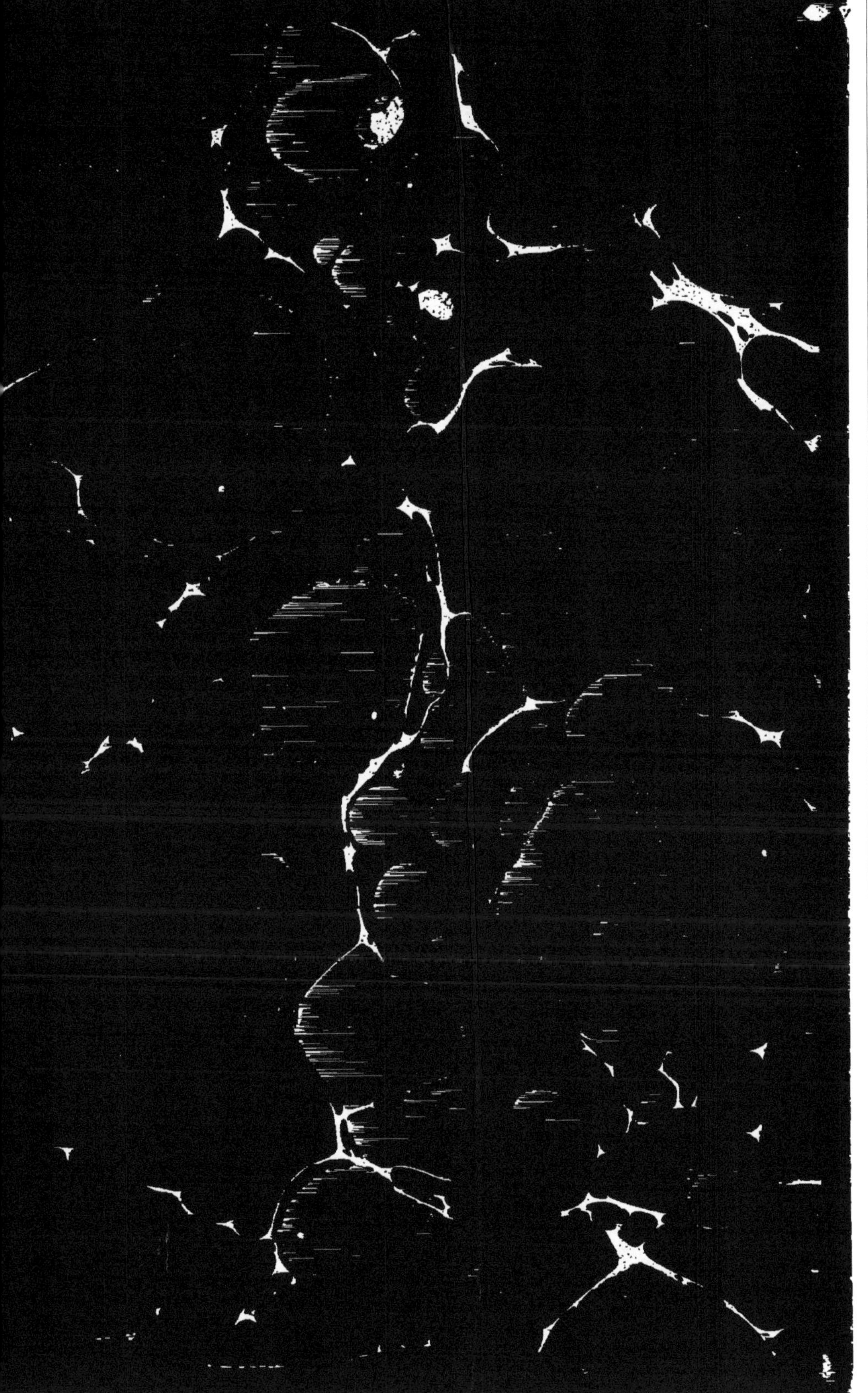